Vente par suite de Départ

HÔTEL DROUOT, SALLE N° 5

DU VENDREDI 8 FÉVRIER 1889

TABLEAUX

Aquarelles et Dessins

MODERNES ET ANCIENS

EXPOSITION PUBLIQUE

LE JEUDI 7 FÉVRIER 1889

DE 1 HEURE 1/2 A 5 HEURES

Mᶜ L. TUAL	M. P. DÉTRIMONT
COMMISSAIRE-PRISEUR	EXPERT
56, rue de la Victoire, 56	35, avenue de l'Opéra, 35.

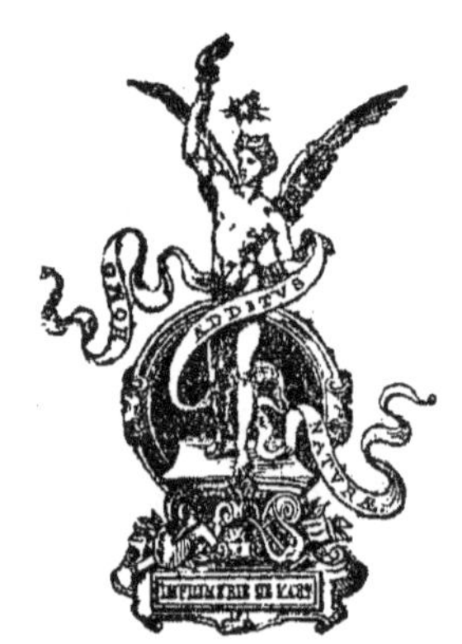

CATALOGUE

DE

TABLEAUX

AQUARELLES ET DESSINS

Anciens et Modernes

PAR

Atalaya, Beauquesne, Blum (Maurice), Boudin, Breughel
Corot, Courbet, Karl Daubigny, Desbrosses,
Dévé, Flers, Guyot, Hamman, De Knyff, Lépine
Palizzi, Voigt, etc.

DONT LA VENTE AURA LIEU

Par suite de départ

HOTEL DROUOT, SALLE N° 5

Le Vendredi 8 Février 1889

A 2 HEURES

M⁰ LÉON TUAL	**M. PAUL DÉTRIMONT**
COMMISSAIRE-PRISEUR	EXPERT
56, rue de la Victoire, 56.	35, avenue de l'Opéra, 35.

EXPOSITION PUBLIQUE

Le Jeudi 7 Février 1889, de 1 heure 1/2 à 5 heures

CONDITIONS DE LA VENTE

Elle sera faite au comptant.

Les Acquéreurs payeront, en sus des adjudi-
cations, CINQ CENTIMES PAR FRANC applicables aux
frais.

Paris — Imp. de l'Art, E. Ménard et Cie, 41, rue de la Victoire.

DÉSIGNATION

André.

1 — Entrée de ferme, à Vouvray.
2 — Portrait d'une jeune femme.
3 — Fleurs dans un panier.

Atalaya.

4 — Écurie de cirque.
5 — Repas des saltimbanques.
6 — Le Jeu.
7 — La Dispute.

Baillet (E.).

8 — Village normand.

Beauquesne.

9 — La Chasse. Souvenir de 1870.

Blum (Maurice).

10 — L'Audience.
11 — La Partie de piquet.

Bôle.

12 — Avant le bal.

Bodmer.

13 — Forêt de Fontainebleau.

Haut., 25 cent. ; larg., 33 cent.

Boudin.

14 — Laveuses sur la Toucques.

Haut., 22 cent.; larg., 28 cent.

15 — Un Bassin. Effet du matin.

Haut., 21 cent.; larg., 27 cent.

16 — Un Trois-Mâts.

Haut., 22 cent.; larg., 27 cent.

Breughel.

17 — Fête villageoise.

Brunel-Neuville.

18 — Nature morte.

Bussit (Emmanuel).

19 — L'Abandonnée.

Cormon.

20 — Fleurs.

Corot.

21 — Paysanne d'Auvergne. (Provenant de la vente après décès de l'artiste.)

> Haut., 32 cent.; larg., 24 cent.

Courbet (G.).

22 — Marine.

> Haut., 60 cent.; larg., 75 cent.

23 — Après le bain.

Couturier (Léon).

24 — En campagne.

> Haut., 60 cent.; larg., 50 cent.

Couturier.

25 — Basse-cour.

Daubigny (Karl).

26 — Coucher de soleil.

> Haut., 50 cent.; larg., 81 cent.

Decamps (École de).

27 — Marché à Tunis.

Desbrosses (**L.**).

28 — Le Chemin de Flacourt. (Salon 1878.)

29 — Une Mare.

Devé.

30 — Environs du Lieutel.

Haut., 16 cent.; larg., 24 cent.

Duvieux.

31 — Vue de Venise.

Haut., 65 cent.; larg., 35 cent.

École française.

32 — La Cuisinière.

Escudier (Ch.).

33 — Le Favori.

Festa (**Auguste**).

34 — Paysage.

Flers (**C.**).

35 — Paysage. Dessin.

Gagniart.

36 — Bords de la Seine en novembre. Pastel.

Gagniart.

37 — La Haie du Pin-Martin, en Touraine. Pastel.

38 — La Mare aux grenouilles; Ile fleurie. Pastel.

39 — Les Bords de la Bièvre, à Gentilly. Pastel.

40 — La Place du Carrousel. Pastel.

41 — Bords du Loing, à Moret.

Gontier (C.).

42-43 — Fleurs. Deux pendants.

Greuze (Copie d'après).

44 — Tête de femme.

45 — Tête de femme.

Guyot (J. L.).

46 — Une Bergerie.

Hamman.

47 — Le Soir.

Haut., 25 cent.; larg., 35 cent.

48 — Un Coin de pré.

Haut., 38 cent.; larg., 55 cent.

Inconnu.

49 — Tête de vieillard.

Haut., 46 cent.; larg., 38 cent.

Inconnus.

5o — Copie, d'après Rubens.

> Haut., 45 cent.; larg., 83 cent.

51 — Effet du matin. Paysage.

Knyff (De).

52 — Pâturage.

> Haut., 16 cent.; larg., 24 cent.

53 — Campagne à vol d'oiseau.
54 — Vaches au pâturage.

Lançon.

55 — Vache à l'écurie.
56 — Lion couché.
57 — Lot de neuf dessins en feuilles sur bristol.
58 — Maison en ruines, à la Glacière. Dessin à la plume.
59 — Lion rugissant. Dessin à la plume.
6o — Boucs et chèvres. Dessin à la plume.
61 — Ours trouvant un nid d'abeilles. Dessin à la plume.
62 — Buffles dans un enclos. Dessin à la plume.
63 — La Veillée d'un malade au couvent. Dessin à la plume.

Lançon.

64 — Une Chapelle ardente au couvent. Dessin à la plume.

65 — Chèvres dans la montagne. Dessin à la plume.

66 — Le Puits de la Fontaine à Molard. Dessin à la plume.

67 — La Bièvre, ferme des Peupliers. Dessin à la plume.

68 — Garnis en plein vent. Dessin à la plume.

69 — Buffles traversant une rivière à la nage. Dessin à la plume.

70 — Lion du Sénégal. Aquarelle.

Laporte.

71 — Adam et Ève.

Haut., 90 cent.; larg., 60 cent.

Lépine.

72 — Embouchure de la rivière de l'Orne.

73 — La Seine, au pont Royal.

Maincent (G.).

74 — Bords de la Marne.

Oudinot.

75 — Forêt.

Palizzi.

76 — L'Enfant Jésus. Panneau rond.

Petersen (Olaf).

77 — Fjord. Norvège.

Petitjean.

78 — Étude.

> Haut., 31 cent.; larg., 49 cent.

79 — Marine.

> Haut., 24 cent.; larg., 42 cent.

Quost.

80 — Fleurs d'amandier.

> Haut., 32 cent.; larg., 58 cent.

81 — Fleurs d'azalées.

> Haut., 37 cent.; larg., 46 cent.

Rigon.

82 — Vue de Venise.

> Haut., 65 cent.; larg., 49 cent.

Roy (Marius).

83 — Tirailleurs en embuscade. Afrique.

Salmon.

84 — Fille de ferme.

Haut., 46 cent.; larg., 38 cent.

Serre (Antony).

85 — Le Vieux Berger.

Vallin et Courteil.

86 — Bacchantes. Deux pendants.

Van der Neer.

87 — Départ pour la pêche.

Vauquelin (Réné).

88 — La Cueillette des cerises.
89 — Le Printemps.
90 — Un Marchand d'étoffes, à Alger.
91 — Un Marchand de poterie, à Alger.

Vignon (V.).

92 — Cabane de douaniers, à Varangeville.

Voigt.

93 — Vue de Paris, à Bercy.

> Haut., 12 cent.; larg., 34 cent.

94 — Route, à Saint-Germain.

> Haut., 40 cent.; larg., 55 cent.

Wilms (Albert).

95 — Chiens de chasse.

---

96 — Carton de trente dessins au crayon, à la plume et à la sanguine, par Eug. Delacroix, Charlet, Troyon, etc.

97 — Neuf chevalets d'artiste.